Armin und Julia Täubner

Tierkinder

Fensterbilder aus Tonkarton kinderleicht

W0314248

Frech-Verlag Stuttgart

Weitere Bücher von Armin und Julia Täubner mit kinderleichten Fensterbildern:

A. u. J. Täubner
Aus dem Ei gepellt
Kinderleichte Küken-Fensterbilder aus Tonkarton mit Plusterfarben
Flauschige Küken, die jeder mag! Ob im Schnee oder bei der Tulpenblüte, auf Ostereiersuche oder beim Zeitunglesen. Die Anleitungen sind für Kinder leicht nachzuvollziehen, die Plusterfarben geben besonders tollen Effekt.
32 S., Farbf., Vorlagenbg.
TOPP 1656 ISBN 3-7724-1656-X

A. u. J. Täubner
Hasenkinder. Kinderleichte Fensterbilder
Kleine Hasen tun, was auch Kinder mögen: einen Ausflug unternehmen, Eis essen, Luftballons steigen lassen, Ball spielen, Blumen pflücken ... Auf kniffliqe Kleinteile wurde verzichtet, so können schon Kinder diese Vorschläge nachbasteln.
32 S., Farbf., Vorlagenbg.
TOPP 1607 ISBN 3-7724-1607-1

A. u. J. Täubner
Häschen Waldemar. Kinderleichte Fensterbilder aus Tonkarton
Voller Tatendrang fliegt Waldemar mit dem Luftballon nach Amerika, auf dem Tretroller geht's nach Paris und im Ballon gleich um die ganze Welt. Aber auch zuhause wird's nicht langweilig – eine Folge vieler lustiger Szenen.
32 S., Farbf., Vorlagenbg.
TOPP 1602 ISBN 3-7724-1602-0

Fotos: Frech-Verlag GmbH + Co. Druck KG, D-70499 Stuttgart
Birgitt Guthermuth

Materialangaben und Arbeitshinweise in diesem Buch wurden von den Autoren und den Mitarbeitern des Verlags sorgfältig geprüft. Eine Garantie wird jedoch nicht übernommen. Autoren und Verlag können für eventuell auftretende Fehler oder Schäden nicht haftbar gemacht werden. Für eine Verbreitung des Werkes durch Film, Funk und Fernsehen, Fotokopien oder Videoaufzeichnungen, sowie für eine gewerbliche Nutzung der gezeigten Modelle, ist eine Genehmigung oder Lizenz des Verlags erforderlich. Das Werk ist urheberrechtlich geschützt nach § 54 Abs.1 und 2 UrhG.

Auflage: 6. 5. 4. 3. 2. | Letzte Zahlen
Jahr: 1997 96 95 94 93 | maßgebend

© 1993

frech-verlag GmbH + Co. Druck KG, 70499 Stuttgart
ISBN 3-7724-1665-9 · Best.-Nr. 1665
Druck: Frech-Verlag GmbH+Co. Druck KG, D-70499 Stuttgart

Tierkinder üben wegen ihres drolligen, tollpatschigen Aussehens und ihres verspielten Wesens eine starke Anziehungskraft auf uns aus: sie fordern zum Streicheln, Spielen, Liebhaben oder zur Beobachtung geradezu heraus.

Armin und Julia Täubners Tierkinder sprühen vor Aktivität. Sie erkunden ihre Umwelt, spielen miteinander, stellen so manchen Unfug an oder lassen sich von ihren Eltern verwöhnen.

Auch Tiere, die normalerweise sehr scheu sind, wie das Eichhörnchen oder die Eule, kommen mit diesen Fensterbildern in das Kinderzimmer.

Die Fensterbilder aus Tonkarton sind kinderleicht nachzuarbeiten, mit Plusterfarben lassen sie sich pfiffig verzieren.

Ob Katze, Schweinchen, Entchen oder Frosch – die Tierkinder in diesem Buch regen die Phantasie an, sich Geschichten auszudenken, und bringen Leben an alle Fenster!

So entsteht ein Pluster-Fensterbild

Zum Basteln benötigst Du:
- Butterbrotpapier
- Tonkarton
- Bleistift
- Schere
- Klebstoff (z.B. Uhu-Stic)
- Vorstechnadel
- Faden

1. Fertige eine Schablone (siehe S. 32).

2. Lege die Schablonen auf Tonkarton der gewünschten Farbe und zeichne die Umrißlinien mit Bleistift nach.

3. Schneide die Kartonteile zusammen aus.

4. Lege die Teile auf die Schnittvorlage und klebe sie zum abgebildeten Fensterbild zusammen.

5. Stich noch ein Aufhängeloch ein und ziehe einen Faden durch. Die Fadenenden werden miteinander verknotet, und fertig ist das Fensterbild.

Mit Pluster-Pen auf Tonkarton malen

1. Probiere die Farbe zuerst auf einem Kartonstück aus. Ziehe einige Linien, male Punkte, Kringel und eine kleine Farbfläche auf den Karton und lasse die Farbe mehrere Stunden auftrocknen.

2. Nun nimmst Du den Fön und schaltest ihn auf die höchste Stufe. Gefönt wird die Plusterfarbe schräg von der Seite. Damit Du Dir die Finger nicht an der heißen Luft verbrennst, drückst Du das Kartonstück mit einem Bleistift auf den Tisch. Durch das Fönen wird die Farbe etwas heller und quillt leicht auf.

3. Als nächstes malst Du weitere Linien, Punkte und Flächen auf den Karton. Diesmal läßt Du die Farbe jedoch nicht trocknen, sondern Du fönst sie sofort. Dadurch quillt die Farbe viel stärker auf. Bei größeren Flächen ist es jedoch viel einfacher, wenn Du die Farbe vor dem Fönen trocknen läßt.

Klein, aber oho!

1. Am Kopf der Hundemutter klebst Du zuerst die Schleife und dann das Ohr und die Schnauzenspitze an. Auge und Maul werden mit einem schwarzen Filzstift aufgemalt.

2. Der Kopf kann nun von vorne am Kleid befestigt werden. Der Kleiderärmel wird ebenfalls von vorne angebracht. Daran wird von hinten die Pfote angeklebt.

3. Schwanz und Hinterpfote werden von hinten am Kleid befestigt.

4. Am Kopf des Hundebabys werden von vorne Ohr und Schnäuzchen angeklebt. Male das Hundegesicht auf.

5. Klebe das Hundebaby von hinten an die Vorderpfote der Hundemutter.
Wenn Du magst, kannst Du Kleid und Schleife der Hundemama mit Pluster-Pen verzieren.

Schwimmkurs

1. Klebe am Entchen zuerst den Schnabel an. Nun werden Auge, Halsband, Fuß und Flügel befestigt. Mit einer schwarzen Linie trennst Du die beiden Schnabelhälften (punktierte Linie).

2. Beim Frosch werden Auge und Hinterbein angeklebt. Froschmaul, Nasenloch und die schwarze Pupille im Auge werden mit Filzstift aufgemalt.

3. Klebe den Frosch auf den Rücken des Entchens.

4. Abschließend kannst Du noch den Umriß des Entchens mit Pluster-Pen nachziehen.
Vergiß das Fönen nicht.

Vorlage in Originalgröße.

Ich hab' Käse zum Fressen gern!

1. Klebe am Mäusekopf zuerst die runde Schnauzenspitze an. Als nächstes malst Du das Auge und die Trennlinie zwischen den Ohren auf.

2. Der Kopf wird nun von vorne auf den roten Pullover (gestrichelte Linie) geklebt. Nun kann auch der Ärmel angebracht werden. Daran werden von hinten die Pfote und das Käsestück befestigt.

3. Auf den Unterleib mit Schwanz (durchgezogene Linie) klebst Du zuerst die Hose (punktierte Linie) und darauf den Flicken (gestrichelte Linie). Der Unterleib wird von hinten am Pullover angebracht.

4. Klebe die Maus auf den Rahmen. Auf dem Rahmenboden werden kleine Käsestückchen verteilt. Wenn Du willst, kannst Du noch Luftlöcher auf die Käsestückchen malen. Die Fäden um den Flicken malen.

5. Mit Pluster-Pen werden die Ränder von Kleidung und Käse nachgezogen und geföhnt.

Vorlage in Originalgröße

Wer fährt mich spazieren?

1. Klebe auf die beiden Räder jeweils einen gelben Punkt.

2. Die Räder werden von vorne am Kinderwagen befestigt.

3. Am Bärenkopf wird zuerst das weiße Schnauzenteil angebracht. Nun kannst Du das Gesicht aufmalen.

4. Der Bärenkopf wird mit dem Kinn von hinten am oberen Kinderwagenrand angeklebt. Von vorne nun das Herz und die beiden Vordertatzen anbringen.

Ich brause los!

1. Du beginnst am besten mit den Rädern. Bei jedem Rad wird auf die große gelbe Kartonscheibe zuerst ein roter, dann ein kleinerer schwarzer Kartonpunkt geklebt.

2. An der Karosserie (gestrichelte Linie) klebst Du zuerst das Schutzblech (durchgezogene Linie) an. Darunter können nun die Räder angebracht werden. Jetzt fehlen noch der Kühlerdeckel, das Lenkrad und der Türgriff (gepunktete Linien). Mit zwei senkrecht aufgemalten schwarzen Linien deutest Du die Tür an. Anschließend wird noch das Faltverdeck (durchgezogene Linie) von vorne aufgeklebt.

3. Mit einem schwarzen Filzstift zeichnest Du nun das Gesicht auf den Bärenkopf. Zeichne die Ohrmuschel ein und klebe das vordere Ohr an. Der Bär wird von hinten an der Autotür befestigt. Das Vorderbein, mit dem der Bär das Lenkrad hält, klebst Du von vorne am Bärenkörper an.

4. Mit Filzstift oder Pluster-Pen kann abschließend noch das Auto verziert werden.

Fitness-Training

1. Pause zuerst den pinkfarbenen Rahmen auf Butterbrotpapier ab. Damit die Bögen gleichmäßig rund und die Ränder gerade sind, verwendest Du am besten Zirkel und Lineal. Die Einstichstelle für den Zirkel wird durch ein kleines Kreuz markiert. Klebe den abgepausten Rahmen auf einen Kartonrest und schneide ihn aus.

2. Von den anderen Teilen werden ebenfalls Schablonen angefertigt.

3. Klebe zuerst am Kleid von hinten die Vorderpfoten und die Hinterbeine an.

4. Als nächstes malst Du das Gesicht auf den Katzenkopf. Zeichne das Gesicht dafür leicht mit Bleistift vor.

5. Nun klebst Du den Kopf von vorne am Kleid fest.

6. Befestige die Katze so am Rahmen, daß von hinten die Pfoten und Hinterbeine nicht mehr sichtbar sind.

7. Male mit Pluster-Pen oder Filzstift das Springseil, Verzierungen und Knöpfe auf das Kleid.

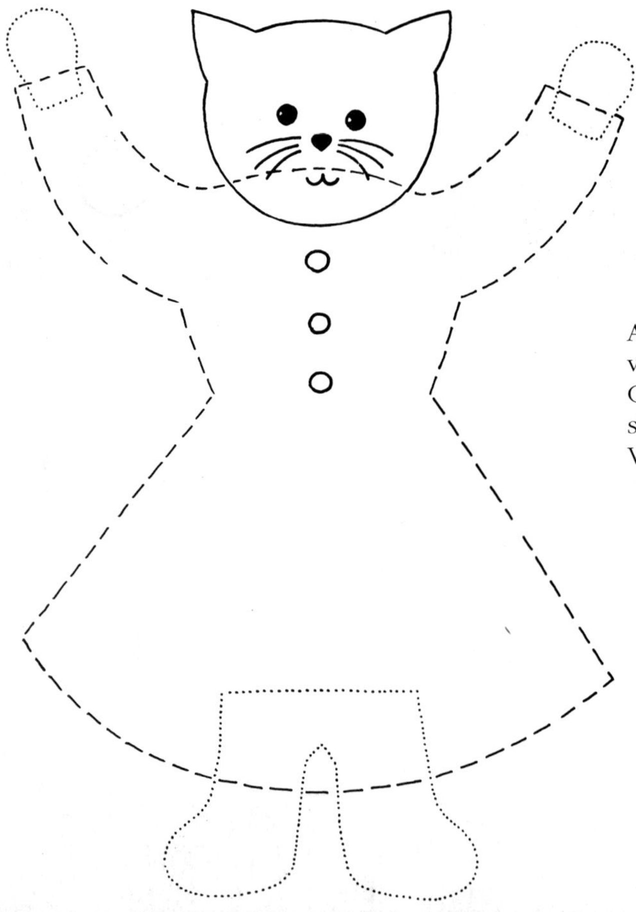

Abbildung verkleinert, Originalgröße siehe Vorlagenbogen

Das ist unser Apfelhaus!

1. Die beiden Würmer erhalten zuerst ihre Kopfbedeckungen. Nun kannst Du die Gesichter aufmalen.

2. Am Apfelstiel werden die Blätter von hinten befestigt. Anschließend klebst Du den Stiel von hinten an den Apfel. Jetzt werden die Türe und die weißen Fenster von vorne auf den Apfel geklebt.

3. Die Wurmfrau, die Saftflasche und den Schwanz klebst Du von vorne auf die weißen Flächen.

4. Der Hals des Wurmmannes wird von hinten in der Vertiefung am Apfelrand befestigt.

5. Abschließend kannst Du die weißen Flächen noch mit Pluster-Pen umfahren.

Eichel-Schlemmerei

1. Klebe das Vorderbein am Eichhörnchenkörper an.

2. Male das Gesicht mit einem schwarzen Filzstift auf.

3. Nun wird das Eichhörnchen auf der ovalen Bodenplatte befestigt.

4. Klebe die zweiteiligen Eicheln zusammen. Die Eicheln werden bis auf eine auf der Bodenplatte verteilt und angeklebt. Zum Schluß wird die letzte Eichel von hinten an der Vorderpfote befestigt.

Nach Belieben die Ohrspitzen und Eichelhülsen plustern.

Die kleine Nachteule

1. Klebe an der weißen Eierschale von hinten die kleine Eule an. Als nächstes werden die gelben Augen angebracht. Mit Filzstift malst Du nun den schwarzen Schnabel auf. Die Augen erhalten jeweils einen schwarzen Punkt in der Mitte. Wenn Du willst, kannst Du noch Risse auf die Eierschale malen.

2. Klebe auf die Augen der großen Eule jeweils einen schwarzen Punkt oder male die Pupillen auf. Nun werden die Augen und der schwarze Schnabel am Eulenkopf befestigt.

3. Am dunkelbraunen Schwanz (Strich-Punkt-Linie) klebst Du von vorne die gelben Eulenfüße (punktierte Linie) fest. Den Schwanz befestigst Du nun von hinten am Eulenkörper.

4. Jetzt legst Du die Eierschale mit der kleinen Eule auf den Bauch der großen Eule und klebst sie an. Die Flügel werden anschließend so angeklebt, daß sie die Eierschale teilweise verdecken und umschließen.

5. Zum Schluß kannst Du noch die Eulenköpfe und die Eierschale mit Pluster-Pen nachziehen und fönen.

Kleine Eule,
Abbildung in Originalgröße

Häschen hüpf!

1. Klebe auf das Grasbüschel zuerst den Baumstumpf.

2. Nun setzt Du den Körper des großen Hasen auf den Baumstumpf.

3. Als nächstes wird das Vorderbein des Hasen angebracht.

4. Daran klebst Du von hinten den kleinen Hasen.

5. Das nach vorne gerichtete Ohr jedes Hasen wird mit einem rosa Innenohr versehen.

6. Mit einem schwarzen Filzstift malst Du nun Augen und Nasenlöcher und bei dem kleinen Hasen den Mund auf.

7. Zum Schluß kannst Du noch die Schwänze mit weißer Pluster-Farbe bemalen. Fönen nicht vergessen.

Abbildung in Originalgröße

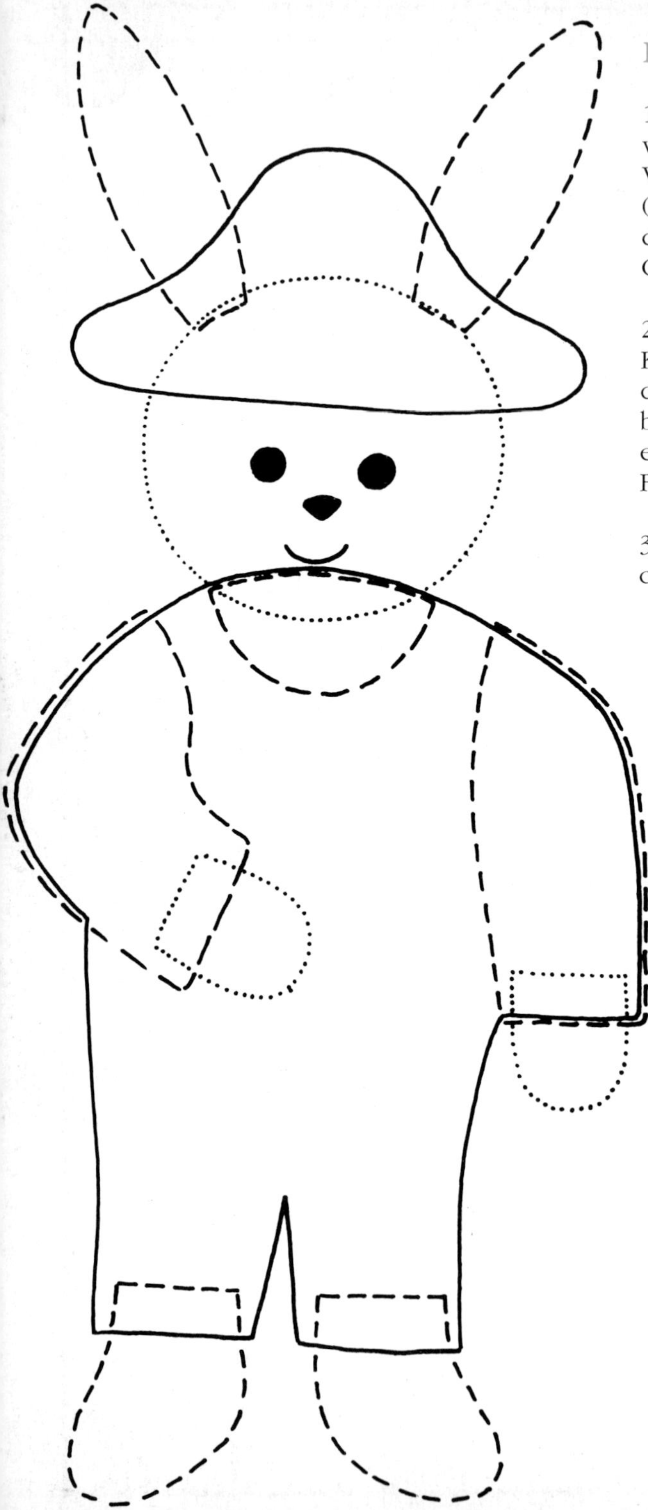

Erste Ausfahrt

1. Am Kinderwagen klebst Du von vorne die beiden Räder an. Von hinten wird zuerst die Decke (punktierte Linie), dann der runde Kopf angebracht. Male das Gesicht mit Filzstift auf.

2. Klebe den Hut auf den runden Kopf des Hasenvaters. Nun werden die beiden Ohren am Hut befestigt. Das Gesicht malst Du ebenfalls mit einem schwarzen Filzstift auf.

3. An den gelben Ärmeln (gestrichelte Linie) werden von hinten die weißen Pfoten angebracht. Nun klebst Du die Ärmel und das gelbe Kragenteil (gestrichelte Linie) auf die rote Hose (durchgezogene Linie). Die Hinterfüße werden von hinten an den Hosenbeinen angeklebt. Jetzt kannst Du den Kopf von vorne anbringen.

4. Hase und Kinderwagen werden so auf die Grünfläche geklebt, daß der Griff des Wagens in der Pfote des Hasenvaters liegt.

5. Mit Pluster-Pen kannst Du die Umrisse der weißen Körperteile nachziehen und die Decke anmalen.

Abbildung in Originalgröße

Ostereier gesucht und gefunden!

1. Verwende für das Herstellen der Schablone für den Rahmen Zirkel und Lineal. Die Einstichstelle des Zirkels ist durch ein kleines Kreuz (+) markiert. Nun überträgst Du die Umrisse der fertig ausgeschnittenen Rahmenschablone auf blauen Karton. Schneide den Rahmen aus. Die grüne Wiesenfläche und die Sonne (gestrichelte Linie) werden von vorne auf den Rahmen geklebt.

2. Bei den beiden Hasen klebst Du jeweils Schleifen und Hinterpfoten an. Mit einem schwarzen Filzstift werden die Hasengesichter aufgemalt. Vielleicht zeichnest Du die Gesichter vorher mit Bleistift leicht vor.

3. Jetzt werden die beiden Hasen auf die Grünfläche geklebt. Davor ordnest Du die bunten Eier an.

4. Die Grünfläche und die Schleifen können noch mit Pluster-Pen überarbeitet werden.

Ergänzende Zeichnungen auf dem Vorlagenbogen

Hurra, es weihnachtet sehr!

1. Bei den Mäusen malst Du mit einem schwarzen Filzstift die Gesichter und die Trennlinie zwischen den Ohren auf.

2. An der Kerze klebst Du von hinten den runden Kerzenschein und von vorne die Flamme an. Der Docht wird aufgemalt. Klebe die Kerze auf die Bodenplatte.

3. Am Tannenbaum wird von hinten der Stamm angebracht. Von vorne klebst Du die Christbaumkugeln an.

4. Nun wird eine Maus an der Kerze befestigt, die andere auf der Bodenfläche. Den Christbaum klebst Du zum Schluß an.

5. Mit Pluster-Pen kannst Du noch die Flamme und den Docht nachziehen, und den Christbaum mit kleinen Lichtpunkten verzieren.

Abbildungen in Originalgröße

Ergänzende Zeichnung auf dem Vorlagenbogen

Mein Lieblingsessen!

1. Am Flußpferdrumpf (durchgezogene Linie) werden zuerst die Hinterfüße (punktierte Linie) und dann die Vorderbeine (gestrichelte Linie) befestigt. Achte darauf, daß das angewinkelte Vorderbein nur an der Schulter angeklebt wird, weil später noch der Hamburger daruntergeschoben werden muß.

2. Am Schnauzenteil (punktierte Linie) klebst Du von hinten die rote Zunge (gestrichelte Linie) an. Nun wird das Schnauzenteil am Kopf befestigt.

3. Klebe die Augen auf. Mit einem Filzstift malst Du die Nasenlöcher, die Ohren und die schwarzen Punkte in die Augen.

4. Den Belag des Hamburgers kannst Du mit Filzstift oder nach dem Aufkleben mit Pluster-Pen aufmalen.

5. Für das Herstellen der Rahmenschablone verwendest Du am besten Zirkel und Lineal.

6. Klebe das Flußpferd auf den Rahmen und ordne davor noch bunte Bauklötze an.

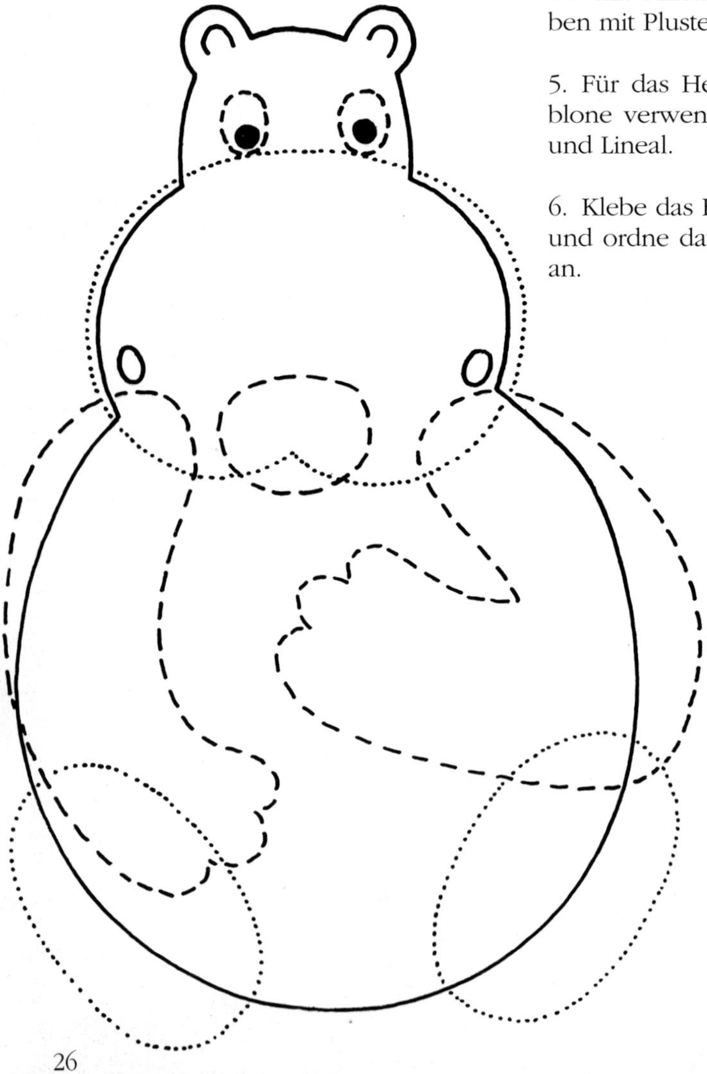

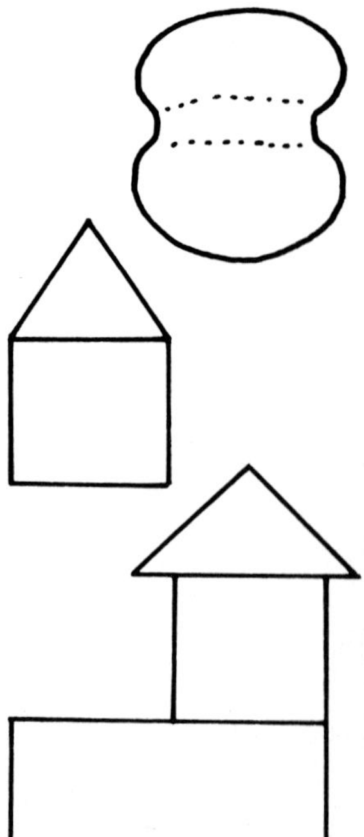

Komm' an meine rechte Seite!

1. Klebe auf den weißen Katzenkörper (durchgezogene Linie) zuerst die schwarze Hose (punktierte Linie) und dann die rote Jacke (gestrichelte Linie).

2. Male mit einem schwarzen Filzstift das Katzengesicht auf. Nun wird der Kopf auf die rote Jacke geklebt.

3. Am linken Ärmel klebst Du von hinten die Pfote an. Jetzt kann der Ärmel an der Jacke befestigt werden.

4. Zeichne mit dem Lineal und schwarzem Filzstift eine senkrechte Linie als Knopfleiste. Die Knöpfe kannst Du entweder aufmalen oder ausschneiden und aufkleben.

5. Mit rotem Pluster-Pen werden die Ränder der Kleidung nachgezogen und die Knopflöcher aufgetupft.

Vorlage verkleinert,
Originalgröße
siehe Vorlagenbogen

Hoppe, hoppe Reiter!

1. Schneide Katze und Schwein aus.

2. Bevor Du die Schleife am Katzenhals befestigst, mußt Du das Gesicht mit einem schwarzen Filzstift aufmalen.

3. Das Schwein erhält zuerst seine Ohren. Als nächstes werden die punktierten Linien leicht mit Bleistift angedeutet. Male Auge und Nasenlöcher auf.

4. Setze die Katze auf den Rücken des Schweines und klebe sie an.

5. Nun werden die Umrißlinien und die Bleistiftlinien mit weißem und rosa Pluster-Pen nachgezogen. Nach dem Trocknen werden die Plusterfarben gefönt. Wenn Du keine Plusterfarben hast, zeichnest Du die Bleistiftlinien entweder mit einem roten oder einem schwarzen Filzstift nach.

Vorlage
in Originalgröße

So entsteht eine Schablone

1. Du nimmst Butterbrotpapier oder weißes Transparentpapier und legst es auf die Vorlage.

2. Mit einem Bleistift paust Du die Figur ab.

3. Klebe nun das Butterbrotpapier auf einen dünnen Karton.

4. Wenn Du jetzt die Figur ausschneidest, hast Du eine Schablone.

Für fast alle Tonkartonarbeiten benötigst Du Schablonen. Sie haben den Vorteil, daß Du den Vorlagenbogen nicht zerschneiden mußt, und daß mit Hilfe der Schablone dasselbe Motiv so oft ausgeschnitten werden kann wie man möchte.